D1134795

YU-GI-OH

Kazuki TAKAHASHI

高橋和希

kana

⟨MAIN CAST⟩

MUTÔ YÛGI

Résumé des épisodes précédents

Yûgi a réussi à percer le mystère du puzzle millénaire qui lui a été remis par son grand-père. Depuis ce jour, Yûgi possède le pouvoir occulte de faire apparaître son double qui sommeille en lui ! Yûgi est invincible aux jeux, jusqu'au jour où il trouve sur son chemin le directeur de la Kaiba Corporation, le jeune Seto Kaiba...

Les deux garçons s'affronteront au jeu de cartes Magic and Wizards... Deux duels mémorables, dont Yûgi sortira gagnant ! Kaiba devra quant à lui se soumettre au jeu de la sanction infligé par Yûgi qui le plongera dans le coma...

PEGASUS JR. CRAWFORD

SETO KAIBA

MUTÔ SUGOROKU

HONDA HIROTO

JÔNO-UCHI KATSUYA

MAZAKI ANZU

BAKURA RYÔ

KUJAKU MAÏ

Un jour, le génial inventeur du jeu Magic and Wizards, Pegasus Jr. Crawford, vient défier Yûgi... Pegasus possède, comme Yûgi, un item millénaire, "l'œil millénaire". Cet objet lui permet de pratiquer le "mind scan" qui consiste à lire dans les pensées d'un autre ! Pour la première fois de son existence, Yûgi perd une partie et doit subir le jeu de la sanction infligé par Pegasus... Pegasus prend alors le grand-père de Yûgi en otage en l'enfermant dans une caméra vidéo !! Pour délivrer son grand-père, Yûgi se voit obligé de participer au tournoi qu'organise Pegasus sur son île, le royaume des duellistes. Yûgi et ses amis enchaînent victoire sur victoire et se hissent jusqu'aux dernières épreuves avant de pouvoir affronter Pegasus... Kaiba, de son côté, est revenu miraculeusement à la vie et s'est infiltré dans le château de Pegasus. Il doit délivrer son frère, mais aussi empêcher Pegasus de lui subtiliser la "Kaiba Corporation". Malheureusement, Kaiba perd son duel contre Pegasus et son âme se trouve enfermée dans une carte comme c'est déjà arrivé à son frère Mokuba ! Yûgi, quant à lui, a laborieusement gagné le duel qui l'a opposé à Kujaku Maï et Jôno-uchi a remporté une victoire contre l'ignoble Bandit Kierce. Le seul adversaire de nos amis sur cette île est le maître des lieux, Pegasus...

YU-GI-OH !

Volume 15

Sommaire

JE TIENS À TE REMER- CIER...

MAÏ !

TU AS GAGNÉ CE DUEL PAR TES PROPRES FORCES !

IL A RAISON !!!

TU PEUX ÊTRE FIER DE TOI !

CETTE VICTOIRE EST LA TIENNE !

NON... C'EST TON COURAGE DE DUELLISTE QUI T'A PERMIS DE REMPORTER CETTE VICTOIRE...

... ET MOI, JE FAIS DE L'AUTO-SATISFACTION ...

LE TOURNOI N'EST TOUJOURS PAS TERMINÉ...

YÛGI, JE SUIS DÉSOLÉ...

SI ON DEVAIT FAIRE CE DUEL DEVANT PEGASUS, ON RISQUERAIT DE DÉVOILER NOS FAIBLESSES !

ÇA POURRAIT NOUS DESSERVIR.

NOTRE BUT, C'EST DE BATTRE PEGASUS ! SI NOUS AVONS RÉUSSI À NOUS HISSER JUSQU'ICI, PEGASUS EST À NOTRE PORTÉE !

ÇA NE SERA PAS NÉCES-SAIRE !

MAIS YÛGI ET TOI, VOUS ÊTES QUALIFIÉS POUR LA FINALE...

MAIS...

VOUS ALLEZ VOUS BATTRE L'UN CONTRE L'AUTRE ?

PRÉPAREZ MA TABLE DU DUEL...

JE NE CROIS PAS QUE CE SOIT LE PLUS IMPORTANT POUR EUX !

MAIS JONO-UCHI ET YÛGI N'ONT TOUJOURS PAS COMMENCÉ LE DUEL...?

MAÎTRE PEGASUS !

ÇA N'A PAS D'IMPOR-TAN-CE...

JE VOIS CE QU'ILS ONT EN TÊTE...

L'ÂME DE YÛGI EST RENFORCÉE PAR L'ESPOIR QUE SES AMIS PLACENT EN LUI...!!

LEURS ÂMES SONT SOLIDAIRES, UNIES PAR UNE IMMENSE CONFIANCE...

CETTE SENSATION M'A DONNÉ ENVIE DE ME MESURER À LUI...

C'EST ÉTRANGE...

NOUS ALLONS DÉBUTER LA FINALE DE CE TOURNOI !!

DONG

DANS CE ROYAUME, JE SUIS LE ROI DES DUELLISTES !!!

GROOOOO

YÛGI BOY, C'EST COMME TU VOUDRAS !

JE SENS MON ÂME FRÉMIR.

UNE SENSATION QUE JE N'AI PAS ÉPROUVÉE DEPUIS DES ANNÉES...

ZWAP

LE MOMENT EST ENFIN VENU...!

YÛGI VS PEGASUS !!!

ZDOOZDOODOOO

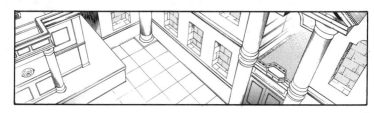

HÉ HÉ...

RIRA BIEN QUI RIRA LE DERNIER...

IL VA LE PAYER...

HÉ...

TSH H...

ZRU...

ZRU...

SWAP

BLAF

NOUS N'AVONS PAS BESOIN D'ARME...

DASH

BANDIT KIERCE !

TU VAS COMMENCER PAR ME FILER LA PRIME.

VOILÀ CE QUE J'AI À TE DEMAN-DER...

TE VOILÀ ENFIN FACE À MOI...

HÉ HÉ... PEGASUS...

TU VAS FERMER TA GUEULE ?!!

CE N'EST PAS ÉTONNANT QUE TU TE FASSES BATTRE PAR UN DÉBUTANT...

ET DIRE QUE TU AS ÉTÉ UN BRILLANT CHASSEUR DE PRIMES...

FUH...

TU AS UTILISÉ DES CARTES QUE TU AVAIS DISSIMULÉES DANS TON BRACELET...

DANS LE DUEL PRÉCÉDENT, TU N'AS PAS RESPECTÉ LE RÈGLEMENT...

JE SUIS DÉSOLÉ, MAIS TU NE PEUX PAS TROMPER MA VIGILANCE.

MAIS AVANT, TU DEVRAS TE SOUMETTRE À LA SANCTION DE CE ROYAUME...

FILE-MOI LA PRIME ET VITE !

BIEN SÛR...

ON DIRAIT QUE NOTRE DERNIER AFFRONTEMENT T'A FAIT DÉFINITIVEMENT PERDRE LA TÊTE...

OUAIS, ET ALORS QUOI ?

LE RÈGLEMENT DE CETTE ÎLE NE ME CONCERNE PAS !!

HEIN...

GRO... GRO... GRO...

J'ESPÈRE QUE TU ES PRÊT...

ICI OU AILLEURS, JE FAIS CE QUE JE VEUX !!

PAPY

JE COMPTE SUR TOI !!

MON JEU DE CARTES EST PARFAIT.

BIEN...

JE VAIS LE BATTRE ET LIBÉRER TON ÂME !

JE VAIS ENFIN ME BATTRE CONTRE PEGASUS !

YÛGI ! C'EST DANS LES MOMENTS DIFFICILES QUE TU DOIS TE SURPASSER...

YÛGI... CE COMBAT CONTRE PEGASUS TE FERA FRANCHIR UNE GRANDE ÉTAPE...

ÇA T'AIDERA À TROUVER LES SOLUTIONS QUI TE SAUVERONT !

CELUX QUI CAPITULENT FACE À L'ADVERSITÉ ERRENT À JAMAIS SUR LA ROUTE DES PERDANTS !

J'AI BIEN REÇU LE MESSAGE !!!

OUI !!!

HONDA !!!

...!

BAKURA !!!

YÛGI !!!

JÔNO-UCHI !

KAIBA DOIT ÊTRE RETENU DANS UN AUTRE DONJON, ON N'A PAS RÉUSSI À LE SAUVER...

ON A SAUVÉ MOKUBA, ON L'A FOUTU DANS LA CHAMBRE, IL SE REPOSE...

EH ?! VOUS ÉTIEZ OÙ ?!

YÛGI ! C'EST L'HEURE DE VÉRITÉ !

VRAI-MENT

IL N'Y A QUE TOI QUI PUISSES LES SAUVER D'ICI...

YÛGI, JE CROIS QUE MOKUBA S'EST FAIT RETIRER SON ÂME...

JE TIENDRAI MA PROMESSE !!!

JE FERAI TOUT POUR QUE VOUS SOYEZ À NOUVEAU RÉUNIS.

OUI, C'EST CERTAIN, IL REVIENDRA !!!

LES MOTS QUE L'ON AVAIT ÉCHANGÉS APRÈS LE DEATH-T...

YÛGI, TU PENSES AUSSI QUE MON FRÈRE ME REVIENDRA...

MOKUBA !!!

YÛGI ! TU DEVRAS AUSSI TE BATTRE POUR MOKUBA !!!

CE N'EST PAS LE MOMENT DE TROUBLER YÛGI AVEC ÇA...

ÇA FAIT UN MOMENT QUE BAKURA SE COMPORTE CURIEUSEMENT... JE DOIS ÊTRE LE SEUL À L'AVOIR REMARQUÉ...

L'AUTRE JOUR, DANS LE LABY- RINTHE SOUTER- RAIN...

OUAIS !!!

JE SAIS QUE TU ES CAPABLE DE GAGNER !

YÛGI, VOUS POUVEZ REJOINDRE LA TABLE DU DUEL !!

C'EST L'HEURE !!!

LE MOMENT EST VENU !

TU DOIS ÉCLATER CE PEGASUS !!!

YÛGI ! ON COMPTE SUR TOI !

23

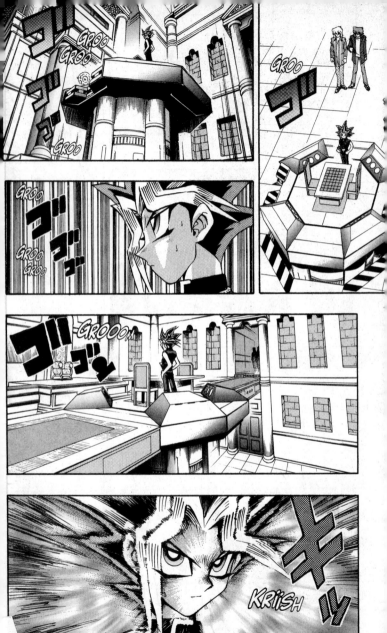

B@ttle 125 IL ANTICIPE TOUT ?!

ENFIN L'ÉPREUVE FINALE !

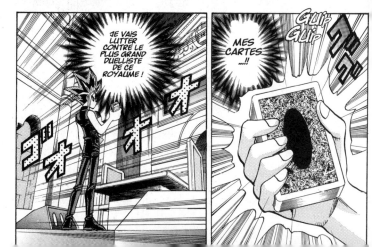

JE VAIS LUTTER CONTRE LE PLUS GRAND DUELLISTE DE CE ROYAUME !

MES CARTES ...!!

TU LIBÉRERAS ÉGALEMENT LES ÂMES DES FRÈRES KAIBA QUE TU AS ENFERMÉES DANS LES CARTES !!

ET CE N'EST PAS TOUT...

YES !!!

JE TE LE PROMETS...

POUR LE MOMENT, MON SEUL ENNEMI, C'EST TOI...

ET TU VOUDRAIS QUE JE LE SAUVE ?

JE CROYAIS QUE KAIBA BOY ÉTAIT TON ENNEMI...

COMME C'EST CURIEUX...

UNE PRO-MESSE...

JE VOIS...

JE LUI AI PROMIS DE LES RÉUNIR À NOUVEAU !!

J'AI FAIT UNE PROMESSE À MOKUBA !!!

SI TU RÉUSSIS À ME BATTRE, JE LIBÉRERAI LEURS ÂMES DE LA SOLITUDE DE CETTE PRISON...

BLAM

D'ACCORD, JE TE LE PROMETS...

LA PRISON DES ÂMES

DOM

C'EST BON...

LA GLOIRE DANS LA MAIN GAUCHE DU ROI

LA GLOIRE DANS LA MAIN DROITE DU ROI

LA GLOIRE DANS LA MAIN GAUCHE DU ROI

???

LA GLOIRE DANS LA MAIN DROITE DU ROI

U...... ......me ......sale

SIMPLE FORMALITÉ... VOUS DEVEZ ME MONTRER LES DEUX CARTES QUI VOUS DONNENT LE DROIT DE FAIRE CE DUEL !

YÛGI...

OUI...

IL EST PRÊT À TOUT POUR CE DUEL !

IL MISE CARRÉMENT SON ÂME SUR CETTE PARTIE...

SI YÛGI PERD, IL VA SUBIR LE MÊME SORT QUE KAIBA...!!

COMMENT?!

YÛGI SAVAIT TOUT ÇA EN VENANT AFFRONTER PEGASUS ?!!

JE N'AI PAS ENVIE DE FAIRE PARTIE DE TA COLLECTION DE CARTES !

PFFH...

MAIS, PEGASUS...

JE NE VEUX PAS TE PERDRE !!!

SI JAMAIS TU PERDS... JE...

YÛGI... NE PERDS PAS, JE T'EN SUPPLIE !!!

HÉ...

MON OBJECTIF EST DE M'EMPARER DE LA KAIBA CORPORATION...

CE N'EST PAS POUR AUGMENTER MA COLLECTION QUE J'AI BESOIN DE TE BATTRE...

ZRLL ZRLL ZRLL

ZRLL ZRLL ZRLL

SI VOUS VOUS DÉBARRASSEZ DE YÛGI, ON VOUS REMETTRA COMME PRÉVU LA KAIBA CORPORATION...

MONSIEUR PEGASUS, NOUS COMPTONS SUR VOUS...

KAAAA

IL NE ME RESTE PLUS QU'À REMPORTER CETTE VICTOIRE...

D'AC-CORD...

TOUT EST EN ORDRE COMME PRÉVU...

NOUS AVONS SCANNÉ EN 3D SON CORPS... LES DONNÉES RÉCOLTÉES DEVRAIENT NOUS PERMETTRE D'ÉDITER UNE COPIE FIDÈLE DE CETTE CLÉ...

MAÎTRE PEGASUS... À PROPOS DE LA CLÉ QUE MOKUBA A AVALÉE...

YÛGI BOY ! LA FORCE DE L'ŒIL MILLÉNAIRE EST AVEC MOI, JE SUIS INVINCIBLE !

JE NE DOIS PAS PERDRE !!!

JE NE PERDRAI PAS !

T'ES PRÊT ? C'EST À MOI DE JOUER !

SHUU

JE LA METS EN POSITION DE DÉFENSE.

VLAF

JE POSE CETTE CARTE QUE JE LAISSE MAS-QUÉE !

ET MON TOUR EST TERMINÉ !

... JE PLACE EN DÉFENSE LA "SIRÈNE TIREUSE DE FLÈCHES" !

LA SIRÈNE TIREUSE DE FLÈCHES
Attaque 1400
Défense 1500

BWUOM

LA SIRÈNE TIREUSE DE FLÈCHES...

UNE CARTE DE SECONDE CATÉGORIE QUI UTILISE L'ÉLÉMENT DE L'EAU...

AU TOUR SUIVANT, TU VAS ATTAQUER EN FAISANT UN COMBO AVEC RUIZ.

TU AS MASQUÉ LA CARTE DE "LA LICORNE"...

HÉ HÉ... YÛGI, JE N'IGNORE RIEN...

BON !!!

AVEC L'ÉLÉMENT DE L'EAU, MA CARTE MASQUÉE VA SE RENFORCER !

GRÂCE À LA LICORNE, RUIZ AUGMENTE SA PUISSANCE DE 700 POINTS ET GAGNE UNE ÉPÉE ÉLECTRIQUE !!!

LA LICORNE (carte de magie)

Elle renforce de 700 points d'attaque certains monstres.

JE METS "RUIZ" EN POSITION D'ATTAQUE ET JE DÉVOILE LA CARTE QUE J'AVAIS POSÉE !!

RUIZ attaque 1900

IL PORTE UNE ATTAQUE SUR "LA SIRÈNE" !!!

Battle 126 IMPOSSIBLE DE CONTRE-ATTAQUER !!

JUSTE UNE PETITE PRÉCISION...

YÛGI BOY, ON DIRAIT QUE TU VIENS DE GASPILLER TON TOUR...!

JE NE FAIS JAMAIS D'ERREUR...

SI L'ON ACCUMULE LES ERREURS DE CHOIX, ÇA CONDUIT INÉLUCTABLEMENT À LA DÉFAITE.

CE JEU EST BASÉ SUR L'EXERCICE DÉLICAT QUI CONSISTE À CHOISIR LES BONNES CARTES AU BON MOMENT...

ZRU ZRU

SI JE N'ARRIVE PAS À ÉBRANLER CETTE CONFIANCE, JE NE VAIS JAMAIS GAGNER...

SUR CE JEU, PEGASUS DÉBORDE DE CONFIANCE.

GRRR~

ZRU

BLAM

JE PLACE LE "SOLDAT DE PIERRE" EN DÉFENSE ET JE TERMINE MON TOUR !

LE SOLDAT DE PIERRE

★★★★★★

Attaque 1300
Défense 2000

J'IRAIS PAS JUSQU'À DIRE DIEU, MAIS...

IL SE PREND POUR DIEU OU QUOI ?!

L'IMMONDE PEGASUS... CET ABRUTI OSE DIRE QU'IL NE FAIT PAS D'ERREUR...

... IL EST TOUT DE MÊME L'INVENTEUR DE CE JEU...

YÛGI, CONCENTRE-TOI !

MERDE... PAS DE DOUTE, IL SE FAIT MENER PAR PEGASUS...

ET SON ŒIL MILLÉNAIRE LUI PERMET DE LIRE DANS LES PENSÉES...

L'INVENTEUR DU JEU A LE POUVOIR DE DOMINER CET UNIVERS...

...!

ENFIN, JE... EUH...

NON, JE N'AI PAS DIT ÇA...

BAKURA ! TU PRÉTENDS QUE YÛGI EST INCAPABLE DE GAGNER ?!

IL N'A RIEN À CRAINDRE DE L'ŒIL MILLÉNAIRE !!

YÛGI POSSÈDE LA PUISSANCE DE SON PUZZLE MILLÉNAIRE !!!

KERPS...

TU VERRAS BIEN !

... JE NE SAURAIS PAS QUOI FAIRE...

CE QUE JE VEUX DIRE, C'EST QUE... DANS LA SITUATION DE YÛGI...

VRAIMENT PAS...

... C'EST ENCORE DE CROIRE EN LUI !!

LA SEULE CHOSE QU'ON PUISSE FAIRE POUR YÛGI...

VLAF

À MOI DE JOUER !!

JE PLACE UNE CARTE SUR LA TABLE.

ET EN PLUS...

DRAGON EGGER
★★★★★★

Attaque 2200
Défense 2600

... J'AJOUTE "DRAGON EGGER" EN DÉFENSE.

ET JE PLACE "LA SIRÈNE" EN POSITION DE DÉFENSE.

GROO GROO GROO

MIND SCAN

FUH FUH... JE VOIS CE QUE TU ES EN TRAIN DE PRÉPARER...

À MOI, MAIN-TE-NANT !!!

GRR...

GROo GROo GROo コ" コ" コ"

IL LIT DANS MON ÂME !! GLOUPS

UN REGARD SI VIF QU'ON DIRAIT QU'IL TRANSPERCE MES CARTES...

SI JE RESSENS ÇA, CE N'EST PAS DÛ AU HASARD...

ZRUu ZRUu ZRUu ズ" ズ"

MAIS~

MAIS !!!

ZRUu ZRUu ズ" ズ" ZRUu

JE NE PEUX RIEN FAIRE...

JE SAIS DÉJÀ CE QUE TU VAS FAIRE AU PROCHAIN TOUR...

YUGI BOY

ZRUu ZRUu ズ" ズ"

FUH FUH

SWAP

ET J'AJOUTE "L'APPEL DU DÉMON" EN POSITION DE DÉFENSE !

JE POSE UNE CARTE QUE JE LAISSE MASQUÉE.

IL A L'INTENTION DE M'OBLIGER À PASSER À L'ATTAQUE.

ZUM

APPEL PIÈGE

C'EST À MOI DE JOUER...

OK...

ET MON TOUR EST TERMINÉ !

ON VERRA BIEN LEQUEL DE NOUS DEUX TOMBERA DANS LE PIÈGE...

LE RENVOI DU PIÈGE
(carte piège)

ON VA JOUER UN PEU... JE VAIS FAIRE SEMBLANT DE MARCHER DANS SA COMBINE.

55

LE RENVOI DU PIÈGE ?!!

QUOI ?!

"LE RENVOI DU PIÈGE" VIENT DE SE DÉCLENCHER !

VLAF

ÇA ME PERMET DE RENVOYER SUR TON MONSTRE LE PIÈGE QUE TU VIENS DE ME TENDRE !

OUI !

LE RENVOI DU PIÈGE (carte piège)

Lorsqu'un piège est déclenché par l'adversaire, elle permet de le renvoyer à son expéditeur.

DONG

DÉMON attaque 1800

ZRLU ZRLU

ZRL

DU COUP, C'EST LE DÉMON QUI PERD DE LA PUISSANCE EN SE FAISANT PRENDRE DANS LE PIÈGE DU PENTAGRAMME !!

MÊME AVEC TOUT SON TALENT, IL NE PEUT RIEN FAIRE...

YÛGI NE PEUT RIEN FAIRE CONTRE ÇA !

PEGASUS EST VRAIMENT CHIEN...!

YÛGI !!!

YÛGI N'EST PAS LE GENRE DE MEC À LÂCHER L'AFFAIRE SI FACILEMENT !

OUAIS, ANZU, ÇA C'EST BIEN DIT !

ARRÊTEZ VOS CONNE- RIES, ON NE VA PAS SE LAISSER ALLER AU DÉFAI- TISME !

MERDE... TOUS LES PLANS DE YÛGI SONT GRILLÉS PAR PEGASUS...!

TU NE DOIS PAS PERDRE !!!

YÛGI...

IL DOIT BIEN EXISTER UNE SOLUTION POUR CONTRER SON MIND SCAN !!

PEGASUS A POUR LUI LE POUVOIR DE L'ŒIL MILLÉ- NAIRE...

À MON TOUR...

CELUI QUI PREND L'ASCENDANT PSYCHOLOGIQUE SUR SON ADVERSAIRE EST LE GAGNANT...

LE JEU EST UN AFFRONTEMENT PSYCHOLOGIQUE...

YÛGI, IL N'EXISTE AUCUN MOYEN DE LUTTER CONTRE LE MIND SCAN...

NO !

ET ENCORE MOINS DANS L'UNIVERS QUE J'AI CRÉÉ...

TA FORCE NE TE PERMET MÊME PAS DE FAIRE UN SEUL PAS DANS LE CHAMP DE MON ESPRIT...

!!

JE VAIS TE LE PROUVER DÈS À PRÉSENT...

GROo

GROo

GROo

!!!

VOICI MA CARTE...

"TOON DRAGON EGGER" PASSE À L'ATTAQUE !!!

GROOOOON

ZRU
ZRU
ZRU

TOUTES LES CARTES DE PEGASUS DEVIENNENT DES CARTES TOON !!

LE PIRE, C'EST QU'IL N'Y A QUE DES CARTES TOON QUI PUISSENT BATTRE UNE CARTE TOON...!!

PLAP

UN MONDE DANS LEQUEL TES MONSTRES NE PEUVENT PÉNÉTRER...

APRÈS AVOIR ATTAQUÉ, LE MONSTRE RETOURNE DANS LE LIVRE DE "TOON WORLD"...

TOON WORLD, UN MONDE IMPÉNÉTRABLE...

LE "SOLDAT DE PIERRE" EST PULVÉRISÉ !!

ZRU...

URKS...

ZRU...

Battle 127
L'IMPOSSIBLE DÉFI !!

SI L'ENNEMI SE CACHE DANS LE LIVRE, ON NE PEUT PLUS L'ATTAQUER...!

ET APRÈS SON ATTAQUE, IL DISPARAIT DANS LE LIVRE !

KAIBA A AUSSI PERDU CONTRE ÇA...

MÊME EN PLAÇANT LE MONSTRE EN DÉFENSE, IL SE FERA ANÉANTIR !

LE CHEVALIER ELFE

Attaque 1400
Défense 1200

JE PLACE "LA SIRÈNE" EN POSITION D'ATTAQUE ET JE TERMINE MON TOUR !

LA SEULE CHOSE À TENTER, C'EST DE VOIR SI MES ATTAQUES PEUVENT LUI FAIRE SUBIR DES DOMMAGES...

LA SIRÈNE TOON
attaque 1400

GNIAAAAW

KRAAAAA

!!

DES MAINS SORTENT DU COQUIL-LAGE POUR STOPPER LE COUP D'ÉPÉE !!

!!

GASHHH

UN MONSTRE QUI S'EST "TOONIFIÉ" PEUT CHANGER SA MORPHOLOGIE ET NE LAISSE PASSER AUCUNE AGRESSION.

ZBAAAA

TOON MERMAID ARROW ! *

GLIII

GWARKS!!

KRUUU!

*(mermaid = sirène) (arrow = flèche)

UN TOON EST POUR AINSI DIRE IMMORTEL...

EH OUI... UN TOON NE PEUT ÊTRE BATTU QUE PAR UN AUTRE TOON...

HO HO HOOO"

JE M'EN DOUTAIS... ON NE PEUT PAS LES ATTAQUER !!

PEGASUS LIT DANS MES PENSÉES ET ANTICIPE MES ACTIONS...

ET EN PRIME, IL A BLOQUÉ MES POSSIBILITÉS D'ATTAQUES...

YÛGI
points de vie
1400

EST-CE QU'IL ME RESTE UN MOYEN POUR GAGNER CETTE PARTIE...?

IL A PLACÉ UNE CARTE PIÈGE ET UNE CARTE DE MAGIE...

À MOI MAINTE-NANT !!!

JE PLACE DEUX CARTES QUE JE LAISSE MASQUÉES ET JE TERMINE MON TOUR !

C'EST À MOI.

MÊME SI JE SORS UN MONSTRE, JE NE POURRAI PAS ATTAQUER... EN PLUS, IL A PLACÉ UN PIÈGE...

MONSTRE

LE CHARIOT MAGIE (carte de m

Elle lait

Elle fonc

IMPU
★★★★★

Attaque 1300
Défense 1000

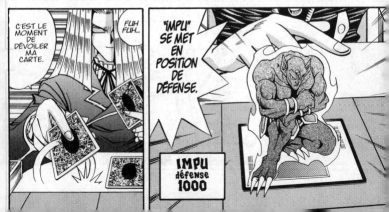

C'EST LE MOMENT DE DÉVOILER MA CARTE.

FUH FUH...

"IMPU" SE MET EN POSITION DE DÉFENSE.

IMPU
défense
1000

LA CARTE DE MAGIE "COPY CAT" !!

COPY CAT
(carte de magie)

Permet de copier et de prendre la place de la carte qui a été perdue dans le jeu par l'adversaire.

EN PLUS...

UNE CARTE QUI COPIE LE MONSTRE !!!

BLAM

COPY CAT

GROO GROO GROO

!!

IL VA SE TRANS- FORMER EN DÉMON ...?!

COPY CAT

"COPY CAT" VA S'INCARNER EN "L'APPEL DU DÉMON" QUE TU AS PERDU AU TOUR PRÉCÉDENT !

URPS....!!

L'ATTAQUE DE TOON DÉMON !!!

GRAAAASH

IMPU PÉTRIFIÉ EST RÉDUIT EN POUSSIÈRE !!

YÛGI
points de vie
900

GRAHA HA HA !!

GYUUU

PLAP

ET JE TERMINE MON TOUR.

LE MONSTRE DE YÛGI, DEVENU TOON, VIENT DE L'ATTAQUER !!!

QU'EST-CE QU'IL DOIT FAIRE POUR SE DÉBARRASSER DU TOON ?!

VLAF

C'EST À TOI DE JOUER...

BLACK MAGICIAN

que 2500
se 2100

IL A TIRÉ LA CARTE DU "BLACK MAGICIAN"...

PEGASUS CONNAÎT MES CARTES ET ANTICIPE TOUTES MES STRATÉGIES !!!

ZRLL KURKS ZRLL

ZRLL ZRLL ZRLL

FLIH FLIH

À CAUSE DE TOON WORLD, JE NE PEUX PAS ATTAQUER... EN PRIME, JE NE PEUX MÊME PAS ME METTRE EN POSITION DE DÉFENSE...

JE SUIS DANS UNE SALE SITUATION, JE NE VOIS PAS CE QUE JE POURRAIS FAIRE POUR ME TIRER DE LÀ...

ALORS ?

YÛGI BOY ? TU VAS ABANDONNER LA PARTIE ?

IL Y A PEU DE CHOSES À TENTER, TU N'AS AUCUN MOYEN...

TU NE PEUX RIEN FAIRE POUR TE TIRER DE LÀ...

NON...

TU VAS TE FAIRE EMPRISONNER DANS LA CARTE !!

YÛGI ! NE LAISSE PAS TOMBER !!!

TU SAIS CE QUI T'ATTEND SI TU ABANDONNES !

URKS...

KAASH

LA PRISON DES ÂMES

DES ÂMES

IL Y A AUSSI TON GRAND-PÈRE ET LES FRÈRES KAIBA !

ET TU NE SERAS PAS LE SEUL !

JE NE CAPITU-LERAI PAS !!

TU VAS ÉTEINDRE TOUTE LUEUR D'ESPOIR.

JE VEUX CONTINUER À Y CROIRE !!!

BLAM

MÊME SI MES CHANCES DE REMPORTER LA VICTOIRE SONT PROCHES DE ZÉRO...

JE CONTINUE À CROIRE QUE LES MOYENS DE SURVIE EXISTENT !!

TU COMPTES GAGNER DU TEMPS ET TROUVER UNE SOLUTION POUR VAINCRE LES TOONS...

JE PENSE QUE C'EST INUTILE...

JE VOIS... LE MAGICIEN EST CACHÉ DANS L'UN DE CES CHAPEAUX...

AVEC UN PEU DE CHANCE, JE VAIS PEUT-ÊTRE CONTENIR SON ATTAQUE GRÂCE À CETTE COMBINAISON...

GRO°

CE QUI VEUT DIRE QUE JE SAIS ÉGALEMENT OÙ TU AS DÉCIDÉ DE LE CACHER...

GRO°

GRO°

GRO°

YÛGI... TU OUBLIES QUE C'EST TOI QUI DÉCIDES DANS QUEL CHAPEAU TU VAS DISSIMULER LE MAGICIEN.

!!

GLOUPS

GRO°

GRO°

GRO°

JE VOIS QUE LE MAGICIEN EST DISSIMULÉ DANS LE CHAPEAU À GAUCHE...

BLACK MAGICIAN EST ENTERRÉ...

FLIH FLIH...

!

JE NE VOIS PLUS LE BLACK MAGICIAN !!!

COMMENT ?!

ZUM

C'EST MOI QUI VIENS DE DÉCIDER OÙ J'ALLAIS DISSIMULER LE MAGICIEN...

....!

POURTANT, JE LIS DANS SES PENSÉES...

C'EST PAS POSSIBLE...

LA CARTE DE MAGIE "LE CHAPEAU MAGIQUE" !!

AVEC CETTE CARTE, JE FAIS UN COMBO AVEC "BLACK MAGICIAN" !!

BLACK MAGICIAN
★★★★★★

Attaque 2500
Défense 2100

LE CHAPEAU MAGIQUE (carte de magie)

Permet une astucieuse combinaison : le magicien !

Battle 128 À L'ASSAUT DE TOON WORLD !!

IL ME SUFFIT DE LIRE DANS TES PENSÉES POUR SAVOIR OÙ TU L'AS CACHÉ ! TROP SIMPLE !

MAIS ÇA AUSSI, ÇA NE TE SERVIRA À RIEN...

TU AS ESSAYÉ DE LE DISSIMULER POUR ÉVITER MON ATTAQUE !

SON ŒIL MILLÉNAIRE VA ENCORE DÉJOUER MES PLANS...!

URKS-

FUH FUH-

MAIS COMMENT FAIRE POUR LE BATTRE...?

MON AUTRE MOI...

JE T'EN SUPPLIE...

QUOI ?

MON AUTRE MOI...!

ÉCOUTE-MOI...

!!

J'AI L'IMPRESSION DE L'ENTENDRE DANS MON ÂME...! C'EST LUI !!

OUI, CETTE VOIX...!!

IL EST DANS MON ÂME !

GROOOOO...

IL EST EN TRAIN DE M'APPELER !

LA VOIX DE MON DOUBLE !!!!!

MON... DOUBLE ...!!

D'ONG

!!

JE T'ENTENDAIS SOUFFRIR ET JE N'ARRIVAIS PAS À COMMUNIQUER AVEC TOI...

C'EST ENFIN POSSIBLE...

JUSQU'À PRÉSENT, MÊME EN CRIANT, TU NE M'ENTENDAIS PAS...

... QUE L'ON SE RENCONTRE AINSI.

C'EST LA PREMIÈRE FOIS...

C'EST AUSSI LA PREMIÈRE FOIS QUE JE VIENS TE PARLER...

OUI.

TU AS RÉUSSI À M'ENTENDRE !!

...

POUR-QUOI M'AS-TU APPELÉ ...?

...!

PEUT-ÊTRE QUE...

...

... IL N'EST PAS CERTAIN QU'IL LISE DANS MES PENSÉES...

...

MAIS PEGASUS LIT DANS LES PENSÉES DE MON AUTRE MOI...

...

IL EST IMPOSSIBLE DE LUTTER SEUL CONTRE PEGASUS !!!

JE VEUX QUE TU ME LAISSES AUSSI ME BATTRE !

OUI, MAIS JE NE TROUVE PAS DE SOLUTION CONTRE SON ŒIL...

VLAF

MAIS OUI...

S'IL NE PEUT LIRE QUE LA PENSÉE D'UNE SEULE ÂME... À NOUS DEUX, ON PEUT CERTAINEMENT SE DÉFENDRE...

BAM

!!

ESSAIE DE LIRE DANS MES PENSÉES...! COMME ÇA, TU SAURAS !

EST-CE QUE TU SAIS QUELLE CARTE JE VIENS DE PLACER ?

PEGASUS...

GRRR

KRii

MIND SCAN !!!

OUi...

RIEN DE PLUS FACILE À FAIRE...

ABSURDE ! JE NE VOIS PAS SA CARTE !

!!

DOM

TU PEUX TOUJOURS ESSAYER DE ME SONDER, TU NE VERRAS RIEN !

DOMMAGE POUR TOi... MÊME MOi, J'IGNORE QUELLE CARTE IL VIENT DE METTRE EN JEU...

HÉ HÉ...

ZBAAAAM

LE MAGICIEN N'EST PAS DEDANS...

....!

COMME C'EST DOMMAGE...

TU T'ES ENCORE TROMPÉ !!!

KRLI KRLI...

CELUI QUI PREND CET AVANTAGE EST LE GAGNANT.

... QU'IL FAUT USER DE SON INSTINCT POUR RENVERSER LA PARTIE À SON AVANTAGE.

IL FAUT ÉVOLUER À LA LIMITE...

C'EST-À-DIRE...

LA RÈGLE ESSENTIELLE DE CE JEU EST DE DÉPARTAGER LES ADVERSAIRES...

POUR TOI QUI AS INVENTÉ MAGIC AND WIZARDS, TU DOIS COMPRENDRE...

TU OSES !!!

MAIS POUR TOI QUI NE COMPTES QUE SUR TON ŒIL, TU N'AS PLUS EN TOI CET INSTINCT QUI PERMET DE SE SURPASSER...

L'INSTINCT DEMANDE UNE CERTAINE DOSE DE COURAGE.

LA PRISE DE DÉCISION, C'EST LA COMBINAISON DE L'EXPÉRIENCE ET DE LA CONFIANCE EN SOI.

MON DOUBLE A INFINIMENT PLUS DE COURAGE QUE TOI !

GROOOO
GRR...

C'EST À MOI DE JOUER !

ILS ONT ENCORE CHANGÉ...

ON Y VA !!!

JE MASQUE CETTE CARTE ET JE TERMINE MON TOUR !

IL FAUDRA JE FAUDRA RÉFLÉCHIR AVANT DE FAIRE CE QUE...

CETTE CARTE VA ME SERVIR !!!

LA FLÈCHE MAGIQUE

Elle permet de

À TOI DE JOUER !

MAIS J'AI CONFIANCE EN MON DOUBLE QUI LES A POSÉES !!

MOI NON PLUS, J'IGNORE CE QUE SONT CES DEUX CARTES...

UNE DEUXIÈME CARTE CACHÉE...

JE NE LA VOIS PAS...

UHMM...

HE HE...

PARFAIT !!

VLAF

À MOI MAINTENANT...

SAPRISTI ! BLACK MAGICIAN EST DÉVOILÉ !

SHUUUU

OUPS~

GRO GRO

UN BON DUELLISTE N'A PAS BESOIN D'INSTINCT... IL DOIT SONGER À LA VICTOIRE EN PRENANT LE MOINS DE RISQUES...

ALORS ? JE CROIS QUE C'EST LE DÉBUT DE LA FIN...

L'ATTAQUE DE TOON DÉMON VA ÊTRE FATALE AU MAGICIEN !!

KURPS... IL FAUT UN TOON POUR BATTRE UN AUTRE TOON...

À TOI DE JOUER, TOON DÉMON !!!

ZDOOOOOOOO

LA FLÈCHE MAGIQUE !!!

BLAM

LA FLÈCHE MAGIQUE

Elle permet de transférer le pouvoir magique au monstre adverse.

UN PIÈGE !!!

PEGASUS, JE VOIS QUE TU NE T'ES APERÇU DE RIEN... J'AI SORTI UNE CARTE ET MON AUTRE MOI T'A POUSSÉ À PASSER À L'ATTAQUE

QUOI ?...

LA FLÈCHE MAGIQUE ?!

NOUS AUSSI, ON AVAIT BESOIN QUE LA MAGIE DISPARAISSE DE NOTRE CAMP !

C'EST JUSTE-MENT CE QUE JE VOULAIS QUE TU FASSES...

COMME ÇA, TU T'ES PRÉCIPITÉ POUR ANNULER LE SORT DU CHAPEAU MAGIQUE !

SHUWAAAA

!!

LE BRISE-MAGIE

Cette carte annule tous les sorts de magie en cours dans la partie.

GRÂCE À LA FLÈCHE, "LE BRISE-MAGIE" EST RENVOYÉ DANS TON CAMP.

OUI!!!

ON A DÉTRUIT LES TOONS !

OUAIS !!!

LES TOONS SONT TOMBÉS DANS LE PIÈGE ET ILS SONT TOUS ÉLIMINÉS !!

GRAAA

ZGRAAA

NOON...

YÛGI
points de vie
900

PEGASUS
points de vie
800

LES DEUX ÂMES DE YÛGI BOY ONT NEUTRALISÉ MON ŒIL MILLÉNAIRE...!!

GRRR

VOUS ALLEZ SAUVER TOUT LE MONDE !

YÛGI ! EN VOUS UNISSANT TOUS LES DEUX, VOUS RÉUSSIREZ À VAINCRE PEGASUS !

C'EST VRAIMENT LE DUO INFERNAL !

BIEN JOUÉEEE !!!

JE NE SUIS PAS CERTAIN QUE TOUS LES POUVOIRS DE PEGASUS SOIENT NEUTRALISÉS...

J'AI L'IMPRESSION QU'IL NOUS RÉSERVE ENCORE DES SURPRISES...

L'ESPÈCE DE GROSSE BILLE À PEGASUS, ÇA NE FAIT AUCUN EFFET SUR YÛGI !

...

BAKURA, T'AS VU ÇA ?

MAGNIFIQUE !!!

!

JE VAIS ÊTRE OBLIGÉ DE DÉPLOYER LES GRANDS MOYENS POUR FINIR CETTE PARTIE.

JE CROIS QU'IL EST TEMPS DE M'AMUSER AVEC TOI...

JE RECONNAIS EN TOI UN DIGNE POSSESSEUR D'OBJET MILLÉNAIRE...

NOUS ALLONS JOUER AU JEU DES TÉNÈBRES...

À PARTIR DE MAINTENANT, CETTE PARTIE VA SE JOUER AVEC LES REPRÉSENTANTS DES OBJETS MILLÉNAIRES QUE NOUS SOMMES...

YÛGI BOY...

IL Y A 3000 ANS... DES MAGICIENS MANIPULAIENT DES OBJETS MAGIQUES ENFERMÉS DANS UN CERCLE EN PIERRE. L'ON DIT QUE CE RITE SERVAIT À INSTAURER LA SUPRÉMATIE DE CERTAINES DYNASTIES ROYALES.

J'AI INVENTÉ MAGIC AND WIZARDS IL Y A 7 ANS, AU RETOUR D'UN VOYAGE DANS LA VALLÉE DES ROIS EN ÉGYPTE.

LE JEU DES TÉNÈBRES !!!

!!

J'AI LU QUE LES MAGICIENS AVAIENT DISPARU ET CE CERCLE DE PIERRE EST RESTÉ ENFOUI DANS LES PROFONDEURS DES TERRES...

C'EST CE QUI SERAIT À L'ORIGINE DES JEUX DE CARTES.

LA LÉGENDE DE CE CERCLE DE PIERRE A ÉTÉ CONSIGNÉE DANS LE LIVRE DES MORTS ET SON HISTOIRE A ÉTÉ TRANSMISE PAR LES GENS. FINALEMENT, ELLE S'EST PROGRESSIVEMENT MÉTAMORPHOSÉE DANS LE JEU DE CARTES DES TAROTS !

MAGIC AND WIZARDS PUISE SES ORIGINES EN ÉGYPTE !

!

TOI QUI AS ÉTÉ ÉLU POUR POSSÉDER UN OBJET MILLÉNAIRE... NOTRE COMBAT EST DANS LA TRADITION DES COMBATS DES MAGICIENS DE L'ANTIQUITÉ...

C'EST POUR RESSUSCITER CE JEU ANTIQUE QUE J'AI INVENTÉ MAGIC AND WIZARDS...

OUI...

112

L'ATTAQUE ET LA DÉFENSE SONT D'UN NIVEAU ZÉRO... C'EST UN MONSTRE DE L'UNIVERS DE L'ILLUSION !!!

DARK EYES ILLU-SIONIST ~

DANS LE JEU DES TÉNÈBRES, C'EST LA FORCE SPIRITUELLE DU JOUEUR QUI FAIT APPARAITRE LES MONSTRES !

IL DOIT CERTAI-NEMENT POSSÉDER UN POUVOIR PARTICULIER !!!

IL FAUDRA SE MÉFIER AVANT DE FAIRE QUOI QUE CE SOIT...

EN CAS DE DÉFAITE OU D'ÉPUISEMENT DE LA FORCE SPIRITUELLE... LA SURVIE DU JOUEUR N'EST PLUS GARANTIE !

DARK EYES ILLUSIONIST
attaque 0
défense 0

JE SORS LA CARTE DE "CURSE OF DRAGON" ET JE TERMINE MON TOUR !!

IL VA S'ÉPUISER RAPIDEMENT...

HE HE...

J'AI VU JUSTE, SON DOUBLE N'EST PAS À LA HAUTEUR...

BOOM BROM

IL FAUT QUE TU TIENNES LE COUP !

C'EST UN UNIVERS QUI N'EST VISIBLE QUE PAR LES JOUEURS...

C'EST ÇA, LE JEU DES TÉNÈBRES !

VU D'ICI, LE JEU DES TÉNÈBRES EST UN JEU COMME UN AUTRE...

JE NE COMPRENDS RIEN À CE QUI SE PASSE !

ZRUU ZRUU ズズ ZRUU ズズ

TU AS L'AIR SUBITEMENT MAL À L'AISE ?!

YÛGI ? QU'EST-CE QUE TU AS ?

JE PLACE UNE CARTE QUE JE CACHE ET JE TERMINE CE TOUR.

LA LUMIÈRE QUI SORT DES YEUX VIENT DE NEUTRALISER MON DRAGON !!

!!!

KAAA

DARK EYES ILLUSIONIST UTILISE UN REGARD MALÉFIQUE POUR NEUTRALISER LA FORCE SPIRITUELLE DE SON ADVERSAIRE.

CE TYPE DE MONSTRE N'A PAS D'ATTAQUE OU DE DÉFENSE PUISSANTE. MAIS IL POSSÈDE DES POUVOIRS.

LA CÉRÉMONIE DE L'ILLUSION (carte de magie)

Cette carte nécessite deux monstres à sacrifier d'une puissance inférieure à 4100 points pour la cérémonie du sacrifice.

LA CÉRÉMONIE DE L'ILLUSION !!!

GROᵒGROᵒ

JE PROFITE DE MON TOUR POUR SORTIR UN AUTRE MONSTRE.

JE VAIS SACRIFIER DEUX MONSTRES POUR UTILISER CETTE CARTE.

MAIS CE N'EST PAS CE QU'IL Y A DE PLUS EFFRAYANT CHEZ CE MONSTRE...

ZUGRAAAAW

ILS S'ENTRETUENT ET JE PERDS DES POINTS DE VIE !!

L'ATTAQUE DU "BLACK MAGICIAN" VIENT DE DÉTRUIRE LA CARTE "CURSE OF DRAGON" !!

CURSE OF DRAGON Attaque 2000

YÛGI Points de vie 400

BLACK MAGICIAN attaque 2500

BIEN ENTENDU, À L'ISSUE DE L'AFFRONTEMENT, CELUI QUI SE FAIT DÉTOURNER SON MONSTRE PERD DES POINTS DE VIE !

CE MONSTRE S'EMPARE D'UN MONSTRE ADVERSE ET S'APPROPRIE SES DIFFÉRENTS NIVEAUX DE PUISSANCE.

LE SACRIFICE !!!

À MON TOUR !

BLACK MAGICIAN VA SUBIR LE SORT DU SACRIFICE.

UN AUTRE SORT, "DARK EYES MAGIC" !!

IL SE FAIT ASPIRER PAR "SACRI-FICE" !!

ZUME

SACRIFICE
attaque 2500
défense 2100

VOILÀ UN COMBO IMPARABLE ISSU DU MONDE DE L'ILLUSION !!!

"SACRIFICE" VIENT DE S'EMPARER DES NIVEAUX D'ATTAQUE ET DE DÉFENSE DE TON MAGICIEN...

OUPS...

SI TU ATTAQUES, TU VAS ENCORE PERDRE DES POINTS DE VIE... ALORS ? QUELLE EST TA DÉCISION ?

MON MAGICIEN VA SERVIR DE BOUCLIER !!!

UNE FOIS DE PLUS, JE SUIS DÉMUNI...

COMMENT FAIRE POUR ME DÉBARRAS-SER DE "SACRIFICE" ?

NE CAPITULE PAS !

PENDANT CE TEMPS, PEGASUS EN PROFITE POUR TENTER DE LIRE DANS NOS PENSÉES ! JE VAIS ESSAYER DE GAGNER DU TEMPS SUR LA PARTIE, PROFITES-EN POUR ÉLABORER UN PLAN !

...

CA IRA, LAISSE-MOI AUSSI PARTI-CIPER...

- JUS-QU'AU BOUT

JE SENS QUE TU ES AU BOUT DE TES FORCES, TU NE TIENDRAS PAS TRÈS LONG-TEMPS !

FUAW

DOM

SON ÂME EST EN TRAIN DE S'ÉTEINDRE...

FUUAH

C'EST, C'EST À MOI DE JOUER...

JE... MASQUE UNE CARTE ET...

VLAF

C'EST MA DERNIÈRE CARTE...

S'IL TE PLAIT, FAIS QUE CE SOIT UNE BONNE CARTE !!

MON AUTRE MOI...

TU DEVRAS BATTRE PEGASUS AVEC CETTE CARTE...

Battle 130 LE COMBAT DES ÂMES !!

TU ES MON DOUBLE, RÉSISTE !!!

RESSAISIS-TOI !!

...

ON DIRAIT QUE TON AUTRE TOI N'AVAIT PAS LE NIVEAU POUR PARTICIPER AU JEU DES TÉNÈBRES...

JE VIENS D'ENTERRER CETTE AUTRE ÂME...

COMMENT ÇA...? IL A ENTERRÉ SON AUTRE ÂME ?

YÛGI !!!

...

YÛGI !!!

L'OR-DURE...

YÛGI...

DÉ-CON-NE PAS...

PEGASUS, TU VAS ARRÊTER TES CONNERIES !!!

ON EST JUSTE LÀ... IMPUISSANTS...

ON N'A RIEN PU FAIRE POUR LUI...

YÛGI !!!

ALLEZ, RELÈVE-TOI...

JE T'EN SUPPLIE...

TU N'AS PLUS DE SOLUTION POUR CONTRER LE MIND SCAN...

MAINTENANT QUE TU TE RETROUVES SEUL...

PFHH...

TU VAS ME LE PAYER CHER !

TU AS TOUJOURS ENVIE DE CONTINUER LE DUEL ?

JE NE CAPITU-LERAI PAS !!

OUI, JUSQU'À Y PERDRE MA PROPRE ÂME...

C'EST L'UNION DES DEUX ÂMES QUI FAIT UN SEUL ET MÊME PERSON-NAGE !

... SI L'ÂME DE L'UN D'EUX DISPARAISSAIT, AUCUN DES DEUX N'Y SURVIVRAIT !

CA VOU-DRAIT DIRE QUE...

OUI, PEUT-ÊTRE...

YÛGI M'AVAIT EXPLIQUÉ UNE CHOSE...

MAIS IL DISAIT QU'IL AVAIT ENTERRÉ SON ÂME...

L'ÂME DE YÛGI N'EST PAS MORTE !

YÛGI...

MIND SCAN !

IL A TIRÉ LE "GARDIEN DE LA CITADELLE"... UNE CARTE BANALE QUI A UN NIVEAU D'ATTAQUE DE 1400 POINTS...

GARDIEN DE LA CITADELLE

aque 1400
nse 1200

DONG

JE PLACE "LE GARDIEN DE LA CITADELLE" EN POSITION DE DÉFENSE !

attaque 1400 défense 1200

IL NE ME RESTE PLUS QU'À MISER SUR CETTE CARTE !

LA SEULE CARTE QU'IL IGNORE, C'EST CELLE QU'A LAISSÉE L'AUTRE YÛGI...

PEGASUS DEVINE TOUTES MES CARTES...

MAIS SI MES MONSTRES QUI ONT ÉTÉ ASPIRÉS SONT DÉTRUITS, JE VAIS PERDRE LE CUMUL DES POINTS D'ATTAQUE DE CES MONSTRES SUR MES POINTS DE VIE !

À L'ORIGINE, LE NIVEAU D'ATTAQUE DE "SACRIFICE" EST ZÉRO...! MÊME EN PERDANT SA CARTE, PEGASUS NE PERDRA PAS DE POINTS DE VIE !

!!

BLACK MAGICIAN
attaque **2500**
défense **2100**

SACRIFICE
attaque **0**
défense **0**

LE GARDIEN DE LA CITADELLE
attaque **1400**
défense **1200**

JE VAIS PERDRE !!!

S'IL RÉUSSIT SON COMBO, JE PERDRAI TOUS MES POINTS DE VIE.

PLUS QUE DEUX TOURS ...!!

TCHIC
TCHIC

URKS...

ALORS, YÛGI ? QUE COMPTES-TU FAIRE POUR ÉVITER CE COMBO ?

LE COMBO QUI VA TE CONDUIRE À LA DÉFAITE !!

YÛGI...

UNE CHOSE EN QUOI JE CROIS ?

IL N'Y A PAS QUE LES CARTES... TU CROIS AUSSI EN AUTRE CHOSE...

PAPY !!!

JE TIRE UNE CARTE !

VLAF

PAPY ! J'AI COMPRIS CE QUE TU VOULAIS DIRE !!

147

UNE CARTE NÉE DE LA FUSION DE LA LUMIÈRE ET DES TÉNÈBRES, LE LUGUBRE POUVOIR DE LA MAGIE NOIRE, LE PLUS PUISSANT ET LUGUBRE DES MAGICIENS !!

CHAOS, LA CÉRÉMONIE DE LA MAGIE NOIRE

GRO GRO

GROO GROO

MON AUTRE MOI A SOUFFERT POUR ME TRANSMETTRE "CHAOS, LA CÉRÉMONIE DE LA MAGIE NOIRE"

IL A DÉTOURNÉ MA CARTE DU "SACRIFICE" POUR FINIR PAR SACRIFIER LES MONSTRES EMPRISONNÉS...!

GRRR...

AU TOUR SUIVANT, J'ESSAIERAI DE FAIRE ASPIRER LE BLACK CHAOS PAR LA CARTE "SACRIFICE" !

MAIS AU TOUR SUIVANT, "SACRIFICE" VA RETROUVER SA LIBERTÉ...

C'EST LUI QUI VA TE BATTRE !!!

PEGASUS !!!

LUI

DONG

MES AMIS SONT DANS MON CŒUR !! NOUS SOMMES UNIS PAR UN PACTE QUE MÊME TON OBJET MILLÉNAIRE NE POURRA PAS BRISER !!

PEGASUS

YÛGI BOY... MÊME EN DÉPLOYANT TES DERNIÈRES FORCES, TU N'ARRIVERAS PAS À ME BATTRE...!

YÛGI
points de vie
400

PEGASUS
points de vie
800

ON EST AVEC TOI, YÛGI ! ON NE LAISSERA PAS PEGASUS PÉNÉTRER DANS TES PENSÉES !

YÛGI, NE TE FAIS PAS DE SOUCI POUR TON AUTRE TOI.

ON S'EN OCCUPE !!

JE FAIS FUSIONNER "LE MAÎTRE DES MALÉFICES AUX MILLE YEUX" AVEC "SACRIFICE"

LA FUSION

LE MAÎTRE DES MALÉFICES AUX MILLE YEUX
★ ★ ★ ★ ★

Attaque 0
Défense 0

LA DIVINITÉ DES MALÉFICES "THOUSAND EYES SACRIFICE" !!!

DOM

THOUSAND EYES SACRIFICE
(LE SACRIFICE AUX MILLE YEUX)
attaque 0
défense 0

CE MONSTRE LUGUBRE A LE CORPS COUVERT D'YEUX !!

ZDODOOZDOO

!!

RIEN N'EST ENCORE JOUÉ !

!

JE PENSE QUE CE TOUR VA SCELLER LA FIN DU TOURNOI DANS CE ROYAUME...

ZRU...
ZRU
ZRU...

LA CRUELLE ÉPREUVE DE LA DÉFAITE EST AU BOUT DU CHEMIN POUR TOI...

ET TON CRIBOW NE VIENDRA PAS OFFRIR DE RÉSISTANCE !

HA HA HA...

LE MONSTRE ISSU DE LA FUSION QUE J'AI PLACÉ DANS LE JEU... MÊME TON BLACK CHAOS NE POURRA RIEN CONTRE LUI...

À L'INSTANT OÙ "THOUSAND EYES SACRIFICE" VA OUVRIR LES YEUX, TOUS SES MONSTRES VONT ÊTRE IMMOBILISÉS...

LES POUVOIRS SPÉCIAUX DU "THOUSAND EYES SACRIFICE" ...!!

ZRU... ZRU

C'EST CERTAIN, IL VA ESSAYER DE S'EMPARER DU "BLACK CHAOS".

MÊME S'IL A FUSIONNÉ, IL N'A AUCUN NIVEAU D'ATTAQUE...

MAIS JE NE LE LAISSERAI PAS FAIRE !

J'AI PROMIS À MON AUTRE MOI DE TE BATTRE AVEC "BLACK CHAOS" !!

FUH FUH

QUELLE QUE SOIT TON ATTAQUE, TU NE RÉUSSIRAS PAS À BRISER NOTRE PROMESSE !!

JE SUIS PRÊT !!!

ZDOo

ZDOo ZDOo

LE DERNIER TOUR !!

MES AMIS, JE COMPTE SUR VOUS !

UN SORT PERPÉTUEL !!!

HÉ HÉ... TANT QUE LES YEUX DE CE MONSTRE RESTERONT OUVERTS, TOUS TES MONSTRES SERONT SYSTÉMATIQUEMENT IMMOBILISÉS !

YÛGI !!!

DERNIÈRE PRÉCISION, CE PIÈGE RESTE ACTIF EN PERMANENCE... TOUS LES MONSTRES QUE TU SORTIRAS SERONT NEUTRALISÉS...

GRÂCE À SON ŒIL DES MALÉFICES, "SACRIFICE" N'A PLUS QU'À S'EMPARER TRANQUILLEMENT DE TES MONSTRES ET RÉCUPÉRER LEURS POUVOIRS...

SI JAMAIS BLACK CHAOS EST EXPOSÉ À LA LUMIÈRE DE CET ŒIL... IL VA SE FAIRE ASPIRER !

KAAH

L'ŒIL ENTRE EN ACTION !!!

GRR ! JE DÉCLENCHE MA CARTE DE MAGIE !!

YUGI ! C'EST FINI POUR TOI !!

VLAF

COMMENT ?!

JE N'EN SUIS PAS SI CERTAIN...

"BLACK CHAOS" VIENT DE RECEVOIR LA LUMIÈRE DE L'ŒIL DES MALÉFICES, IL VA SE FAIRE ASPIRER PAR CE MONSTRE !!

CRIBOW A LA PARTICULARITÉ D'EXPLOSER AU CONTACT DE L'ENNEMI !

HÉ HÉ... C'EST JUSTEMENT LE RÉSULTAT QUE JE VOULAIS OBTENIR...

DES EXPLOSIFS ...!!

...!

L'EXPLOSION DE CRIBOW SOUSTRAIT 300 POINTS DE MES POINTS DE VIE...

BOUM BOUM

ZBOOM

ZBOOM

MAIS...

YÛGI
points de vie
100

PEGASUS...

ON A GAGNÉ...

Battle 132
L'ŒIL MILLÉNAIRE DE LA TRISTESSE

ZRUu ZRUu

MOI QUI
DÉTIENS
L'OEIL
MILLÉNAIRE...

MOI...
J'AI
PERDU...

MON
AUTRE
MOI...

YES

MOI QUI
SUIS
L'INVENTEUR
DE CE JEU...
J'AI
PERDU...

TAKS

MON
AMI...! ON
L'A FAIT !

PAN

SLIP
HE

MES AMIS M'ONT OUVERT LEURS CŒURS...

DOM

MOI, JE SAIS !

NE DITES RIEN...

FUH...

YÛGI...

•••

JE SUIS TRÈS ÉMUE...

ON A L'IMPRESSION DE LUI AVOIR ÉTÉ UN MINIMUM UTILES.

J'AI L'IMPRESSION DE TOUT PARTAGER AVEC LUI.

JE RESSENS SA JOIE, COMME J'AI SENTI SA SOUFFRANCE.

ERS!

TU VAS IMMÉDIATEMENT LIBÉRER LES ÂMES DE MON GRAND-PÈRE ET DES FRÈRES KAIBA !!

PEGASUS, TU SAIS CE QU'IL TE RESTE À FAIRE !

Kyii

JE TIENDRAI MA PROMESSE...

OUI...

IL A PERDU...

TOUT EST FINI...

MONSIEUR PEGASUS...

GRR !

LA PRISON DES ÂMES

PRISON DES ÂMES

HO HO...

JE ME SENS BIEN.

GRO... GRO... GRO...

JE N'EN CONNAIS PAS ENCORE TOUTE L'ÉTENDUE...

PEUT-ÊTRE...

MON ŒIL MILLÉNAIRE M'A PERMIS D'EXPLORER DE NOMBREUSES ÂMES...

MES HOMMES VONT ALLER CHERCHER LA PRIME...

NE T'IN-QUIÈTE PAS...

MÊME SI J'IGNORE COMMENT CELA A PU SE FAIRE, ON A RÉUSSI À SE RENCONTRER...

C'EST ÇA, LA FORCE DE TON PUZZLE MILLÉ-NAIRE...

MAIS C'EST LA PREMIÈRE FOIS QUE JE CROISE DEUX IDENTITÉS DANS LE MÊME CORPS...

!!

... CE QU'EST LA VOLONTÉ MALÉFIQUE DE L'OBJET MILLÉNAIRE ?

TU NE CONNAIS PAS...

VOLONTÉ MALÉFIQUE ?

!

JE VEUX TOUT SAVOIR AVANT QUE TU NE PLONGES EN ENFER !

D'OÙ LE TIENS-TU ?

ET DANS QUEL BUT ?

PEGASUS ! COMMENT T'ES-TU PROCURÉ CET OBJET ?

UNE CARTE...? C'EST LE PERSONNAGE PEINT SUR LE TABLEAU DANS LE SALON...

QUELS RAPPORTS AVEC L'OBJET MILLÉNAIRE ?

IL Y AVAIT ÉGALEMENT LE PORTRAIT DE SHAHDÎ...

POUR L'EXPLICATION TU DOIS CONNAÎTRE L'HISTOIRE DE CETTE FILLE...

C'ÉTAIT LE NOM DE CETTE JEUNE FILLE...

CYNDIA...

C'ÉTAIT MON AMIE, ELLE EST MORTE À 17 ANS...

IL Y A 7 ANS...

CYNDIA...

MALGRÉ MON JEUNE ÂGE, J'ÉTAIS TOUS LES SOIRS PLONGÉ DANS L'UNIVERS DU JEU...

MON PÈRE TENAIT UN GRAND CASINO À LAS VEGAS.

JE L'AVAIS RENCONTRÉE, IL Y A 14 ANS...

C'EST AINSI QU'UN SOIR J'AI RENCONTRÉ LA FILLE D'UN AMI INVESTISSEUR DE MON PÈRE. C'ÉTAIT CYNDIA.

JE VOULAIS DEVENIR UN PEINTRE CÉLÈBRE... VOYAGER DANS DES CONTRÉES INCONNUES...

ON PARTAGEAIT LES MÊMES RÊVES...

ON S'ÉTAIT PROMIS D'ÊTRE ENSEMBLE POUR L'ÉTERNITÉ...

ON S'ENTENDAIT BIEN TOUS LES DEUX...

VICTIME D'UNE MALADIE INCU-RABLE...

MAIS À 17 ANS, ELLE S'EN EST ALLÉE...

WOOOW

JE N'AI PAS PU PEINDRE PENDANT DES MOIS.

Ky/iiiin

DANS L'EGYPTE ANTIQUE, LES ÂMES DISPARUES TROUVAIENT REFUGE DANS L'ÉTERNITÉ... J'ÉTAIS CURIEUX DE CETTE CIVILISATION.

CETTE PÉRIODE A FINI PAR ME CONDUIRE EN EGYPTE.

C'EST LÀ QUE SE TROUVENT LES TOMBEAUX ROYAUX ET LES RUINES DE LA NÉCROPOLE...

À 500 KM AU SUD DU CAIRE, SUR LES BERGES DU NIL, SE TROUVE LA VALLÉE DES ROIS.

CAIRE

LA VALLÉE DES ROIS • LOUXOR

L'EGYPTE...

C'EST LÀ QU'IL A RÉCUPÉRÉ L'OBJET MILLÉNAIRE...

LA COULEUR SABLE DU DÉSERT ME DONNAIT LE SENTIMENT DE REFLÉTER LE FOND DE MON ÂME...

WOOOOw

MAIS CE PAYSAGE GRANDIOSE N'ARRIVAIT PAS À M'INSPIRER POUR PEINDRE À NOUVEAU UNE TOILE...

S'IL A VOLÉ CE TRÉSOR, JE VEUX BIEN VOUS DÉDOMMAGER...

VOUS NE POUVEZ PAS LUI PARDONNER ?

ATTENDEZ!!!

DÉGU...

REGARDEZ, JE PEUX VOUS DONNER TOUT CA...

SRAAA

PAS DE DOUTE, C'EST LUI !

SHAHDI!!!

JE VEUX ENTEN-DRE...

TU CONNAIS CET HOMME ?!

SHAHDI...?!

... LA SUITE DE L'HISTOIRE !

C'EST LA PREMIÈRE FOIS QUE J'ENTENDS SON NOM...

IL PORTAIT AU COU UNE CROIX SURMONTÉE D'UN ANNEAU...

IL ÉTAIT JEUNE...

SON REGARD ÉTAIT EMPLI D'UNE CURIEUSE LUEUR... UN REGARD FROID ET MYSTÉRIEUX...

SI TU TIENS À TA VIE... NE MONTRE JAMAIS UNE TELLE SOMME D'ARGENT ICI...

LE VILLAGE DES PILLARDS...?!

L'ON Y CROISE FRÉQUEMMENT CE TYPE D'INDIVIDUS...

CE VILLAGE KUL ELNA A ÉTÉ BÂTI PAR DES PILLEURS DE TOMBES... SON SURNOM EST LE VILLAGE DES PILLARDS !

TU ES UN VOYAGEUR...?

NOUS VENONS JUSTE DE LUI INFLIGER UNE CORRECTION... JE N'AI PAS L'INTENTION DE ME LAISSER TENTER PAR DE L'ARGENT, CE TRÉSOR EST D'UNE VALEUR INESTIMABLE.

CET HOMME A DÉROBÉ UN TRÉSOR DANS UN LIEU SACRÉ...

TU FERAIS MIEUX DE QUITTER LE VILLAGE !

ICI, CE N'EST PAS UN LIEU POUR DES GENS COMME TOI...

INTRIGUÉ PAR CE QU'IL VENAIT DE ME DIRE, JE L'AI SUIVI À DISTANCE...

EM-ME-NEZ-LE !

À L'AIDE...

NI UN LIEU POUR TE CONSOLER DE LA PERSONNE QUE TU AS PERDUE...

CE JEUNE GARÇON AVAIT LU DANS MES PENSÉES...

TU NE TROUVERAS PAS ICI LES PAYSAGES QUE TU RECHERCHES...

LA FAÇADE DE CETTE DEMEURE NE LAISSAIT PAS SOUPÇONNER CE QUI SE CACHAIT DERRIÈRE.

ILS SONT ENTRÉS DANS UNE MAISON FAITE DE BRIQUES SÉCHÉES...

C'ÉTAIT L'ENTRÉE D'UN TEMPLE SOUTERRAIN...

DOM

ÉPAR-GNEZ-MOI LA VIE...

PITIÉ ! JE VOUS DEMANDE PARDON POUR CE BLAS-PHÈME...

NOUS VOULONS JUSTE SAVOIR SI TU ES L'ÉLU...

SI L'ANNEAU TE RECON-NAÎT COMME ÉTANT SON MAÎTRE...

NOUS N'AVONS PAS L'INTENTION DE TE PUNIR POUR LE VOL DE CET ANNEAU MILLÉNAIRE...

... SUR LE CERCLE EN PIERRE DE LA STÈLE ROYALE...

IL N'Y A PAS D'URGENCE...

SANS LUI, NOUS NE RETROUVERONS JAMAIS LES AUTRES OBJETS MILLÉNAIRES...

ALLONS-NOUS RENCONTRER UN JOUR "L'ÉLU"...?

LE MOMENT VENU, ILS SERONT À NOUVEAU RÉUNIS...

LES OBJETS S'ATTIRENT MUTUELLEMENT.

CHACUN DES SEPT OBJETS EST COMME UNE PIÈCE D'UN MÊME PUZZLE...

ZRUu ZRUu

KTCHAC

... ET L'ŒIL MILLÉNAIRE...

L'ANNEAU MILLÉNAIRE...

SUR CETTE STÈLE, IL Y AVAIT DES EMPLACEMENTS DANS LESQUELS SE TROUVAIENT TROIS OBJETS MILLÉNAIRES...

... LA BALANCE...

LE CERCLE EN PIERRE DE LA STÈLE ROYALE ...?!

UN
SOUHAIT
...

S'IL TE
RECONNAÎT
COMME L'ÉLU, TU
AURAS LE DROIT
D'ÉMETTRE UN
SOUHAIT QUI
SERA EXAUCÉ...

L'ŒIL
MILLÉ-
NAIRE
...?!

TU VAS TE
LIVRER À
L'ÉPREUVE
DE L'ŒIL
MILLÉNAIRE
...

ON VA
SAVOIR
SI TU ES
DIGNE DE LE
PORTER...

ON VA
TE FAIRE
RENCONTRER
TON AMIE.

OUVREZ
LA PORTE
DE L'AU-
DELÀ !

Battle 133 **UNE PAIX PRÉCIEUSE**

... DESTINÉS À RÉINTÉGRER LEUR PLACE SUR LE CERCLE DE PIERRE DE LA STÈLE ROYALE...

IL Y A SEPT OBJETS MILLÉ-NAIRES...

PEGASUS A RÉCUPÉRÉ L'ŒIL MILLÉNAIRE DANS UN TOMBEAU ROYAL...

LE MYSTÈRE DE L'OBJET MILLÉ-NAIRE...

... MON PUZZLE...

C'EST PAREIL POUR...

LIÉ PAR UN PACTE ABOMINABLE À L'OBJET MILLÉNAIRE...

PEGASUS EST IMPARDONNABLE... MAIS SON HISTOIRE EST TRISTE.

IL N'A MÊME PAS PUNI CETTE ORDURE DE PEGASUS.

J'AURAIS DÛ EN PROFITER POUR LUI FOUTRE MON POING SUR LA FACE.

YÛGI, TU VIENS DE GAGNER CONTRE PEGASUS ET TU N'AS PAS L'AIR CONTENT...

LA SÉPARATION PAR LA MORT DE SON AMIE LUI ÉTAIT INSUPPORTABLE...

S'IL AVAIT INFLIGÉ UNE SANCTION À PEGASUS...

... ÇA L'AURAIT OBLIGÉ À RECONNAÎTRE QU'IL A EN LUI CETTE VOLONTÉ MALÉFIQUE.

YÛGI...!

SI L'AUTRE YÛGI EST APPARU DANS SON ÂME PAR LA VOLONTÉ DU PUZZLE, CE QUE LUI A DIT PEGASUS A DÛ ÊTRE UN CHOC POUR LUI...

UNE VOLONTÉ MALÉFIQUE...

L'OBJET MILLÉNAIRE ENFERME UNE VOLONTÉ MALÉFIQUE...

QUI SUIS-JE...?

D'OÙ JE VIENS...?

MOKUBA VIENT DE REPRENDRE CONSCIENCE !

!

...

ERS!

...

MOKUBA!!!

MOKUBA!!!

...

IL A L'AIR TERRORISÉ, LE PAUVRE...

ET MOI ?

MOI...

VOUS... VOUS...

GRÂCE À L'AIDE DE MES AMIS !

YÛGI...

NE T'INQUIÈTE PAS, LA KAIBA CORPO-RATION EST SAUVÉE !

MOKUBA, YÛGI A BATTU PEGASUS !

MOKUBA...

DÉGA-GEZ !

BLAF

!!

JE N'AI PAS LE TEMPS DE GLANDER ICI !

JE DOIS RENTRER M'OCCUPER DE MON FRÈRE !

TON FRÈRE SE TROUVE SUR CETTE ÎLE !

OUI...

HEIN?

OÙ EST-IL ?!

MAIS OÙ ÇA ?!

MON FRÈRE !

MON FRÈRE !!!

TU PEUX SORTIR...

SETO...

KRii

GSHAAANGS

TU ES LIBRE...

TOUT EST FiNi...

!

KTOC
KTOC

YLOP

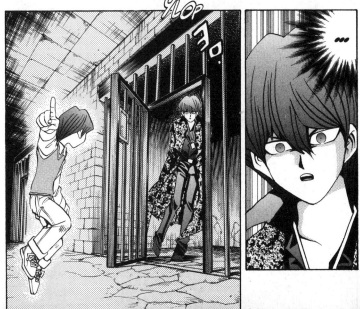

KTOC

KTOC

YÛGI EST AVEC VOUS ?

QUOI !!!

ENCORE LUI !

EXCUSEZ-MOI...

ET AUTRE CHOSE ENCORE...

VOICI LA PRIME !

... C'ÉTAIT POUR RÉCUPÉRER LE DUEL DISK.

YÛGI... SI MONSIEUR PEGASUS A DÉPLOYÉ TANT D'EFFORTS POUR S'APPROPRIER LA KAIBA CORPORATION...

LE DUEL DISK

CETTE MALLETTE CONTIENT LE DUEL DISK !

VOUS RENDREZ ÇA À KAIBA...

LA TECHNOLOGIE DE CE DISQUE A RÉUSSI À MATÉRIALISER L'IMAGE DES CARTES À LA PERFECTION...

LA KAIBA CORPORATION A DÉVELOPPÉ CE SIMULATEUR VIRTUEL POUR DONNER UNE TROISIÈME DIMENSION AU JEU MAGIC AND WIZARDS...

PEGASUS EST PEUT-ÊTRE PERPÉTUELLEMENT À LA RECHERCHE DE CETTE IMAGE...

IL VOULAIT QUE SA CARTE...

... APPARAISSE EN TROIS DIMENSIONS PAR L'APPORT DE CETTE TECHNOLOGIE...

MON FRÈRE...

KYOP KYOP

NE DIS PAS DE BÊTISE !!!

PEUT-ÊTRE QUE SON ÂME A REJOINT LES CIEUX ?

ON A FAIT LE TOUR DU CHÂTEAU, MAIS ON NE L'A PAS VU...

OÙ EST MON FRÈRE ?!

!!

!

MAIS OÙ EST PASSÉ BAKURA ?

IL DOIT ÊTRE EN TRAIN DE CHERCHER KAIBA DANS LE CHÂTEAU...

IL EST VRAIMENT SUR CETTE ÎLE ?

LE PUZZLE DE SON ÂME DOIT ÊTRE ENFIN COMPLET...

POUR KAIBA... SON FRÈRE MOKUBA REPRÉSENTAIT LA DERNIÈRE PIÈCE MANQUANTE DU PUZZLE DE SON ÂME...

SHUUU

YÛGI, JE PEUX VRAIMENT ACCEPTER CETTE PRIME...?

JÔNO-UCHI, LA PRIME VA TE PERMETTRE DE SAUVER TA SŒUR !

QU'ILS RESTENT UNIS À JAMAIS...

ÉMOUVANT...

LES ABRUTIS...

TU ES LE VÉRITABLE VAINQUEUR DE CE ROYAUME !

OUI.

187 DUELS ET 187 DÉFAITES POUR MOI...

ET QUELS SONT TES RÉSULTATS CONTRE YÛGI ?

JUSQU'AU JOUR OÙ TU RÉUSSIRAS À ME BATTRE...

TU GARDES ÇA POUR TOI !

IL S'EST HISSÉ AU PLUS HAUT NIVEAU !!!

C'EST PAS FAUX, IL A RÉUSSI À SE HISSER JUSQU'À LA FINALE (AVEC DE LA CHANCE...).

JÔNO-UCHI... PLUS TARD, ON FERA NOTRE FINALE !

YÛGI... MAINTENANT, J'AI UNE ÉNORME DETTE.

IL VA AVOIR DU TRAVAIL...

IL EST VRAIMENT NAZE...

ÇA M'EST ÉGAL DE SAVOIR QUI TU ES...

!

MAIS AUSSI POUR LES AUTRES !

LA SEULE CHOSE DONT JE SUIS SÛR, C'EST QUE TU ES IMPORTANT POUR MOI...

JE VAIS PRENDRE CETTE IMITATION EN SOUVENIR...

HA HA HA HA

L'ŒIL MILLÉNAIRE EST À MOI...

J'AI UNE DETTE ENVERS TOI : TU AS SAUVÉ MON FRÈRE...

YÛG!

WOOOM

KAIBA, J'ESPÈRE QUE TU T'ENTENDRAS BIEN AVEC MOKUBA !

...QUE LE JOUR OÙ JE RÉUSSIRAI À TE BATTRE !

NOTRE COMBAT NE SERA TERMINÉ...

TRANSMETS CE MESSAGE À TON DOUBLE !

CES MINABLES PEUVENT RENTRER À LA NAGE !!

MOKUBA, ON Y VA !

QU'EST-CE QU'IL RACONTE CE SALE MORVEUX ?!

ET NOUS ? ON FAIT COMMENT POUR RENTRER ?

HÉ HÉ, JE VAIS RENTRER EN HÉLICO AVEC MON FRÈRE !

VOUS ÊTES JALOUX, HEIN ?

QUOI ?!

IL N'Y A PAS DE BATEAU SUR CETTE ÎLE !

J'AI BIEN CHERCHÉ DU HAUT DU CHÂTEAU, J'AI RIEN VU...

BAKURA ? OÙ ÉTAIS-TU PASSÉ ?

LES AMIS !!!

GRR...

COMMENT ?

ON PEUT PAS LES EMMENER AVEC NOUS...?

S'IL TE PLAÎT

DIS...

ZRUU ZRU

ZRU

LE COMBAT DES ÂMES !! fin

YU-GI-OH!

© DARGAUD BENELUX 2001
© DARGAUD BENELUX (DARGAUD-LOMBARD s.a.) 2002
7, avenue P-H Spaak - 1060 Bruxelles
2ème édition

© 1996 by Kazuki TAKAHASHI
All rights reserved
First published in Japan in 1996 by Shueisha Inc., Tokyo
French language translation rights in France arranged by Shueisha Inc.
Première édition Japon 1996

Tous droits de traduction, de reproduction et d'adaptation strictement réservés
pour la France, la Belgique, la Suisse, le Luxembourg et le Québec.

Dépôt légal d/2001/0086/167
ISBN 2-87129-333-3

Conception graphique : Les Travaux d'Hercule
Traduit et adapté en français par Sébastien Gesell
Lettrage : Eric Montésinos

Imprimé en Italie par G. Canale & C. S.p.A. - Borgaro T.se (Torino)